MAGISCHE MOMENTE

der FIFA Fussball-Weltmeisterschaften™

FIFA WM 2006 DEUTSCHLAND

IMPRESSUM

Herausgeber:
medienfabrik Gütersloh GmbH

Projektleitung:
Ansgar Büngener

Objektleitung:
Michael Siedenhans

Texte:
Philipp Kreutzer, Bernd Linnhoff
Michael Siedenhans

Art Direction:
Lutz Hesker

Layout:
Birgit Decker

Druck und Bindung:
CW Niemeyer Druck GmbH,
Hameln

Manufactured under licence by
Bertelsmann AG
Made in Germany

ISBN 3-9810611-4-4

MAGISCHE MOMENTE

1954

DAS WUNDER VON BERN. Deutschland ist zum ersten Mal FIFA Fussball-Weltmeister. Im Endspiel der FIFA WM 1954 in der Schweiz besiegt der krasse Außenseiter Deutschland den großen Favoriten Ungarn mit 3:2-Toren.

1974

DER TRIUMPH VON MÜNCHEN. In einem dramatischen Endspiel bezwingt die deutsche Mannschaft die Niederlande durch Tore von Paul Breitner und Gerd Müller mit 2:1. Bundespräsident Walter Scheel überreicht anschließend den FIFA WM-Pokal dem deutschen Spielführer Franz Beckenbauer.

1990

EINE RÖMISCHE NACHT. Deutschland wird verdient zum dritten Mal FIFA Fussball-Weltmeister. Das Endspiel gewinnt die Mannschaft um Kapitän Lothar Matthäus mit 1:0 gegen den Titelverteidiger Argentinien.

S

MIT DEM DAMPFER »CONTE VERDE« ZUR FIFA WM. Atlantischer Ozean, 25. Juni 1930: Wie kommt man zur 10.000 Kilometer entfernten FIFA WM, wenn's noch keine Linienflüge gibt? Die Nationalmannschaften Frankreichs (Bild), Belgiens und Rumäniens charterten gemeinsam den Luxusdampfer »Conte Verde«. Drei Wochen dauerte die Überfahrt (19. Juni bis 4. Juli 1930). An Bord waren nur Turn- und Gymnastikübungen möglich. Die Kombüse kredenzte üppige Mahlzeiten. Keine ideale Vorbereitung für das erste Weltturnier. Die Folge: Die Spieler verloren schnell ihr ideales »Kampfgewicht«.

HIMMELBLAUE FEIERN DANK »LEFTY«. Montevideo, 30. Juli 1930: Schlusspfiff im Estadio Centenario. Es ist 17.18 Uhr Ortszeit und Uruguay der erste FIFA Fussball-Weltmeister der Geschichte (4:2-Sieg gegen Argentinien). Die Freude ist riesengroß. Zuschauer laufen auf den Platz, Spieler liegen sich in den Armen, und auf der Ehrentribüne sitzt ein stolzer Staatspräsident. Held des Tages ist Héctor »Lefty« Castro. Der einhändige Castro hatte in der 89. Minute per Kopfball das 4:2 für die »himmelblauen« Uruguayer erzielt.

DEN POKAL GAB ES ERST ALS NACHTISCH. Montevideo, 30. Juli 1930: Bei der ersten FIFA WM 1930 war naturgemäß vieles anders. Das komplette Turnier fand in Uruguays Hauptstadt Montevideo statt. Und den Pokal gab es zum Nachtisch. Nach dem 4:2-Erfolg der Gastgeber über den argentinischen Nachbarn trafen sich Sieger und Geschlagene zum Bankett. FIFA Präsident Jules Rimet übergab die nach ihm benannte Trophäe, 30 cm hoch, aus Gold und vier Kilogramm schwer, an Uruguays Verbandspräsidenten Raùl Jude – ein eher besinnlicher Moment. Die Feiern in Montevideo aber dauerten Tage, und der 31. Juli – der Tag nach dem Finale – wurde zum Nationalfeiertag erklärt.

DAVID GEGEN GOLIATH. Rom, 3. Juni 1934: Im Halbfinale der FIFA WM treffen die international unerfahrenen Deutschen auf die großen Stars der Tschechoslowaken. Soviel zur Ausgangslage vor dem Anstoß, als der deutsche Kapitän Fritz Szepan (links) den berühmten tschechischen Torwart Frantisek Plánicka begrüßt. Ein anderer Torhüter wird zum Verlierer des Spiels: der Deutsche Willibald Kreß. Zweimal greift er daneben. Endstand: 3:1 für die Tschechoslowakei. Nicht immer gewinnt David gegen Goliath.

TRIUMPH FÜR EINEN SEKRETÄR. Rom, 10. Juni 1934: Die italienischen Spieler feiern ihren Trainer Vittorio Pozzo. Soeben ist die »Squadra Azzurra« FIFA Fussball-Weltmeister geworden. Im »Drama von Rom« siegen die Italiener gegen die Tschechoslowaken mit 2:1-Toren nach Verlängerung. Der Titel ist ein Triumph für Pozzo. Jahrelang hat er, der seine Karriere als Sekretär beim italienischen Fußballverband startete, an seiner Wunschelf gefeilt. Dafür sogar die Argentinier Luis Monti und Enrico Guaita einbürgern lassen. Mit Erfolg.

TORE IM NAMEN VON EUSEBIUS.
Paris, 19. Juni 1938: Der Italiener Silvio Piola (links) gehört zu den Stars der FIFA WM in Frankreich. Der Stürmer von Lazio Rom schießt die »Squadra« 1938 fast im Alleingang zum zweiten Welttitel (5 Tore). Im Finale gegen die Ungarn (Endstand 4:2) trifft er sogar zweimal. Seine Tore widmet er dem Heiligen Eusebius, dem Patron seiner Heimatstadt Vercelli. Der Grund: »Der Kampfgeist des Heiligen Eusebius war für mich immer ein Vorbild.«

SEMPRE, SEMPRE ITALIA. Paris, 19. Juni 1938: Vittorio Pozzo hat es geschafft. Die Titelverteidigung ist perfekt. Vier Jahre nach dem ersten Welttitel hat er das italienische Spielsystem verfeinert. Bei der FIFA WM in Frankreich agiert seine Elf mit zwei Mittelstürmern: Giuseppe Meazza und Giovanni Ferrari. Sie knacken jede Abwehr – auch die der Ungarn im Endspiel. Pozzo ist bislang der einzige Trainer der FIFA WM-Geschichte, der den Titel verteidigen konnte.

1950

UNGLÜCKSFARBE WEISS. Rio de Janeiro, 1. Juli 1950: Das Vorrundenspiel Brasilien gegen Jugoslawien ist eines der letzten Spiele, in denen die Seleção ganz in Weiß spielt. Nach der 1:2-Niederlage gegen Uruguay am 16. Juli 1950 landen die weißen Trikots in der Altkleidersammlung. Die »weiße Weste« ist befleckt. Nach der Schmach von Maracanã werden neue Kleider für Brasiliens beste Fußballer entworfen. Seitdem spielen die »Kanarienvögel« im gelb-grünen Trikot und in blauer Hose.

WENN 200.000 MENSCHEN SCHWEIGEN. Rio de Janeiro, 16. Juli 1950: Nur drei Menschen haben es geschafft, die Zuschauer im Maracanã schweigen zu lassen: Frank Sinatra, Papst Johannes Paul II. und Pérez Ghiggia (untere Reihe, 2.v.l.). Sein Treffer zum 2:1 für Uruguay im entscheidenden Gruppenspiel der FIFA WM 1950 lässt den großen Traum von Brasiliens erstem Welttitel platzen. Uruguays Sieg stellt die Fußballwelt und das Protokoll auf den Kopf. Jules Rimet überreicht den FIFA WM-Pokal im Kabinengang.

DIE SCHLACHT VON BERN. Bern, 27. Juni 1954: Schweizer Polizisten müssen ins Viertelfinalspiel zwischen Brasilien und Ungarn (Endstand 2:4) eingreifen, um die hitzigen Brasilianer zu beruhigen. Die Ursache: Der englische Schiedsrichter Ellis hatte in der 68. Minute sowohl den Ungarn Bozsik als auch den Brasilianer Nilton Santos vom Platz gestellt. Zum Unmut der Südamerikaner. Nach dem Schlusspfiff wird das Duell fortgesetzt – mit einer Prügelei in den Katakomben des Wankdorfstadions.

STEHPROBE VOR DEM GROSSEN FINALE. Bern, 3. Juli 1954: Wie viele Zuschauer haben Platz auf einem Quadratmeter? Es sind genau sechs! Vor dem Endspiel Deutschland gegen Ungarn testen der Platzwart und seine Mitarbeiter die Kapazität der Stehtribünen im Wankdorfstadion. Als am nächsten Tag um 16.53 Uhr der Anstoß erfolgt, sind 62.471 Zuschauer im Stadion – unter ihnen viele Deutsche, die noch in letzter Sekunde eine Stehplatzkarte für sechs Schweizer Franken gekauft haben.

»SECHS MINUTEN NOCH IM WANKDORFSTADION.« Bern, 4. Juli 1954: Die letzten Minuten kommentiert Radioreporter Herbert Zimmermann: »Unaufhörlich prasselt der Regen hernieder, es ist schwer, aber die Zuschauer harren (nicht) aus. Wie könnten sie auch? … Bozsik, der rechte Läufer der Ungarn, hat den Ball – verloren, diesmal an Schäfer. Schäfer nach innen geflankt. Kopfball – abgewehrt. Aus dem Hintergrund müsste Rahn schießen. Rahn schießt … Toooor! Toooor! Toooor! Toooor!« Es steht 3:2 für Deutschland.

DAS GEHEIMNIS UNTERM REGENSCHIRM. Bern, 4. Juli 1954: Das Bild, das jeder Fußballfan kennt: FIFA-Präsident Jules Rimet überreicht Fritz Walter den FIFA WM-Pokal. Und immer im Bild: der Junge mit Streberbrille und Bommelmütze. Er hält einen schwarzen Riesenschirm über Rimet. Es ist der 14-jährige Walter Baumann, der das »Wunder von Bern« aus nächster Nähe erlebt. Warum gerade er? Ein Zufall. »Nach dem Spiel drückte mir ein Funktionär einen Schirm in die Hand und schob mich auf das Podium.«

EINER GEHT NOCH, EINER GEHT NOCH REIN. München, 6. Juli 1954: Die Deutschen sind nach dem »Wunder von Bern« in Feierlaune – von Flensburg bis Garmisch-Partenkirchen. Auch die Spieler genießen ihren neuen Ruhm. Im Münchner Löwenbräukeller feiert Fritz Walter mit seiner Frau Italia (unten links) und schwenkt dabei einen großen Maßkrug. Ein seltenes Bild von dem großen Fußballer, den Reporter Rudi Michel so charakterisierte: »Dieser Antistar ist die personifizierte Bescheidenheit.«

HELDENVEREHRUNG – NICHTS GEHT MEHR. München, 6. Juli 1954: Hinter jedem starken Mann steht eine starke Frau – im Stau. Der Autokorso der »Helden von Bern« legt die Münchner Innenstadt lahm. Die Spieler fahren in offenen Mercedes-Limousinen durch die Straßen, während der Bus mit den Spielerfrauen auf dem Marienplatz feststeckt. 300.000 bejubeln die deutsche Mannschaft; Schulen und Geschäfte bleiben geschlossen. Fritz Walter genießt diesen Tag: »So viel Liebe, so viel Begeisterung!« Italia Walter verbringt einen großen Teil des Tages im Bus.

HEJA, HEJA, SVERIGE! Stockholm, 29. Juni 1958: Vorm Finale Brasilien – Schweden (5:2) heizt ein »Einpeitscher« die Stimmung im Råsunda-Stadion an. Durch Lautsprecher tönt es blechern: »Heja, Sverige, friskt humör, det är det som susan gör« (Heja, Schweden, guten Muts, das allein ist entscheidend). Doch die Brasilianer irritiert das keineswegs, anders als die Deutschen fünf Tage zuvor in Göteborg. Die Südamerikaner zelebrieren ihren Offensivfußball. Und die schwedischen Fans können nur noch staunen.

DER MEDIZINMANN. Göteborg, 11. Juni 1958: Er ist der gute Geist der brasilianischen Seleção – der kahlköpfige Masseur Americo. Er massiert die Muskeln und manchmal auch die Seelen der Spieler. Den jungen Pelé hat er ins Herz geschlossen – mit ihm wird er dreimal FIFA Fussball-Weltmeister (1958, 1962, 1970) und stibizt dabei jedes Mal den Endspielball. Im Gruppenspiel gegen England (Endstand 0:0) trägt er den verletzten Stürmer Mazola vom Spielfeld.

SPIELVERWEIS. Göteborg, 24. Juni 1958: Die 59. Minute im Halbfinale Schweden – Deutschland (3:1). Der deutsche Außenverteidiger Erich Juskowiak wird nach einem Revanchefoul an Kurt Hamrin vom ungarischen Schiedsrichter Zsolt des Feldes verwiesen. Es ist der Wendepunkt in einem dramatischen Spiel. Kurz darauf erzielen Gren und Hamrin die Tore zum 3:1-Sieg für den Gastgeber. Der Titelverteidiger Deutschland ist ausgeschieden und spielt nur noch um Platz 3.

FERA ME FORD

TORREKORD FÜR DIE EWIGKEIT?
Göteborg, 28. Juni 1958: Die Kameraden der »Èquipe Tricolore« tragen ihn auf Schultern: Just Fontaine. Im Spiel um Platz 3 der FIFA WM 1958 erzielt der Franzose gegen die deutsche Mannschaft allein vier Tore (Endstand 6:3). Im gesamten Turnier sind es sogar 13 Treffer. Bis heute hat kein Spieler mehr Tore bei einem Weltturnier erzielt als der Stürmer von Stade Reims – auch Gerd Müller nicht.

CBD

TRÄNEN EINES 17-JÄHRIGEN. Stockholm, 29. Juni 1958: Soeben ist ein 17-Jähriger zum ersten Mal in seiner Karriere FIFA Fussball-Weltmeister geworden. Doch statt zu strahlen, weint der junge Mann. Es sind Tränen der Freude. Überwältigt vom magischen Moment des Triumphes flüchtet er in die Arme seiner Kameraden Didí (links) und Gilmar (rechts). Der jüngste FIFA Fussball-Weltmeister aller Zeiten heißt Edson Arantes do Nascimento, kurz Pelé. Es ist seine Geburtsstunde als Weltstar.

DER BALLTÄNZER. Viña del Mar, 10. Juni 1962: Die brasilianische Seleção tanzt durch das Turnier in Chile – auch ohne ihren Superstar Pelé. Denn ein Paradiesvogel wird zum Garanten für Tore und Siege: Garrincha (hier links beim 3:1-Sieg gegen England). Der Rechtsaußen umdribbelte seine Gegner als seien sie Slalomstangen. Der »König der Dribbler« hatte ein O- und ein X-Bein. Das linke Bein war nach innen geknickt und sogar sechs Zentimeter kürzer als das rechte.

IMBISS UNTER SÜDAMERIKANISCHER SONNE. Santiago de Chile, 28. Mai 1962: Bundestrainer Sepp Herberger im deutschen Mannschaftsquartier, einer Militärschule vor den Toren der chilenischen Hauptstadt. In drei Tagen startet die deutsche Nationalmannschaft in das Turnier. Auftaktgegner ist Italien (Endstand 0:0). Nach einer starken Vorrunde (2 Siege, 1 Unentschieden) muss die DFB-Equipe am 11. Juni wieder ihre Koffer packen. Im Viertelfinale scheitert die Elf an Jugoslawien (0:1). Es ist das letzte FIFA WM-Turnier für Sepp Herberger. Im Juni 1964 übergibt er sein Amt an Helmut Schön.

TITELVERTEIDIGUNG. Santiago de Chile, 17. Juni 1962: Eine schlichte Zeremonie beendet die 7. FIFA Fussball-Weltmeisterschaft™. FIFA-Präsident Stanley Rous überreicht auf einem Holzpodium den FIFA WM-Pokal an Brasiliens Spielführer Mauroer. Kurz danach drehen die brasilianischen Spieler eine Ehrenrunde durch das Estadio Nacional, dessen Ränge längst verwaist sind. Lediglich eine kleine Gruppe brasilianischer Fans feiert noch mit dem neuen und alten FIFA Fussball-Weltmeister.

DAUMEN HOCH FÜR DEUTSCHLAND. London, 30. Juli 1966: Die Erfolge der deutschen Mannschaft bewegen eine Nation. Die sieben Männer aus Neuss sind einen Tag vor dem Finale nach London losgefahren, um beim Spiel live dabei zu sein. Ihren veilchenblauen Ford Taunus haben sie mit den Fahnen der 16 Teilnehmerländer dekoriert. Noch sind sie optimisch und setzen auf einen Sieg der »jungen Wilden« um Franz Beckenbauer, Wolfgang Overath oder Jürgen Grabowski.

WM 66

AUF DER FLUCHT. London, 23. Juli 1966: Englische Bobbys eskortieren den deutschen Schiedsrichter Rudolf Kreitlein nach dem Viertelfinale England – Argentinien (1:0). Er hatte Argentiniens Kapitän Antonio Rattin wegen groben Foulspiels und Reklamierens vom Platz gestellt. Doch Rattin weigerte sich zu gehen. Aufgebrachte Fans stürmten das Spielfeld. Selbst nach dem Abpfiff beruhigten sich die Südamerikaner nicht. Kreitlein flüchtet durch den Notausgang des Wembley-Stadions zu seinem Taxi.

ZWERGENAUFSTAND. Middlesbrough, 19. Juli 1966: Sie sind die größte Überraschung der FIFA WM 1966: die Nordkoreaner. In der Vorrunde besiegen sie den zweimaligen FIFA Fussball-Weltmeister Italien mit 1:0. Der Torschütze ist ein Zahnarzt aus Pjöngjang, der nur in seiner Freizeit Fußball spielt: Pak Doo Ik. Er überwindet Enrico Albertosi mit einem Flachschuss aus 16 Metern. Im Viertelfinale ist für die Fußballzwerge aus Asien Endstation. Sie verlieren gegen Portugal mit 3:5-Toren.

PELÉ AM BODEN. Liverpool, 19. Juli 1966: Das Duell der großen Idole – Pelé, damals 25, gegen Eusébio, damals 24. Eusébio schießt zwei Tore, Pelé keins! Der brasilianische Superstar ist angeschlagen. Die Zuschauer im Godison Park stöhnen, wenn Pelé gefoult wird – einmal, zweimal, zwölfmal. Joao Morais, der Abwehrmann von Sporting Lissabon, tritt Pelé so schwer in die Beine, dass dieser minutenlang am Boden liegen bleibt. Eusébio spendet Trost. Es hilft nichts. Brasilien verliert mit 1:3. Und Pelé fliegt nach der Vorrunde heim.

DRIN ODER NICHT DRIN – DAS WEMBLEY-TOR. London, 30. Juli 1966: Es ist die 101. Spielminute im FIFA WM-Finale. Geoff Hurst steht frei im deutschen Strafraum. Er nimmt den Ball mit dem Rücken zum Tor an, dreht sich und schießt an die Unterkante der Latte. Der Ball springt von dort auf die Linie – vor oder dahinter? »Nicht im Tor!«, ruft TV-Reporter Rudi Michel. Auch der deutsche Spieler Wolfgang Weber winkt ab. Schiedsrichter Gottfried Dienst befragt seinen Linienrichter Tofik Bachramow. Der zeigt auf den Anstoßkreis: »It's a goal! It's a goal!«, schreit der englische Reporter Kenneth Wolstenholme in sein Mikrofon. Wirklich?

UNS UWE – SO SEHEN NIEDERLAGEN AUS. London, 30. Juli 1966: Das Sportfoto des 20. Jahrhunderts und eine ewige Diskussion. Uwe Seeler – der Ritter von der traurigen Gestalt – verlässt den Platz. Nur wann? In der Halbzeit oder nach dem Spiel? Manche meinen – dazu gehört auch Seeler lange Zeit selbst –, es müsse in der Pause aufgenommen worden sein, weil die Militärkapelle da gespielt habe. 40 Jahre später kann nachgewiesen werden, dass Seeler in der Halbzeit den Platz ohne Kapelle und ganz fidel verlässt. Kann er auch, schließlich steht es nach Toren von Haller und Hurst 1:1. Der Schnappschuss gelingt dem Fotografen Axel Springer junior alias Sven Simon nach dem Abpfiff. Denn in England wird am Ende einer Veranstaltung immer die Nationalhymne »God Save The Queen« gespielt – und die Königin erlebt den historischen Moment sogar live im Stadion.

DIE FABELHAFTEN RAMSEY-BOYS. London, 30. Juli 1966: Alf Ramsey ist am Ziel seiner Träume. Soeben hat Queen Elizabeth II. dem englischen Kapitän Bobby Moore den FIFA WM-Pokal überreicht. England ist zum ersten Mal FIFA Fussball-Weltmeister. Coach Ramsey und seine »flügellahmen« Wunderjungs haben ihre Mission erfüllt. Am richtigen Ort (Wembley-Stadion) und zur richtigen Zeit: Die Ramsey-Boys werden zu Popikonen wie die Beatles oder die Rolling Stones.

REVANCHE FÜR WEMBLEY. Leon, 14. Juni 1970: Nichts für Herzkranke – das Viertelfinale Deutschland gegen England bei der FIFA WM 1970 in Mexiko! Zum ersten Mal in seiner 98-jährigen Länderspielgeschichte gibt England eine 2:0-Führung ab. Franz Beckenbauer (68.) und Uwe Seeler mit dem legendären Hinterkopfball-Tor (80.) gleichen aus. Im Glutofen von Leon (55 Grad) kommt es zur Verlängerung. Es ist die 108. Spielminute, als Jürgen Grabowski eine hohe Flanke in den englischen Strafraum schlägt. Hannes Löhr steigt höher als sein Gegenspieler Newton, köpft zurück vor das Tor. Und dort lauert Gerd Müller. Das Phantom. Keine Chance für Keeper Peter Bonetti. Der FIFA Fussball-Weltmeister England ist raus – und die deutsche Revanche für Wembley 1966 perfekt.

POOLPARTY. Comanjilla, 11. Juni 1970: Die Stimmung im deutschen Quartier ist feuchtfröhlich. Einen Tag zuvor hat die Mannschaft gegen Peru 3:1 gewonnen und feiert ihren Gruppensieg am Hotelpool. Dabei wird Bundestrainer Helmut Schön (rechts) nicht geschont. Der übermütige Max Lorenz (links) schubst Schön – in voller Montur – ins Schwimmbecken. »Nur festgehalten« habe er sich, beteuert der Braunschweiger Allroundspieler. Schön ist nicht nachtragend, sondern lobt die Stimmungskanone als besten Ersatzmann, den eine deutsche Mannschaft je hatte.

DAS DUELL DER TITANEN. Mexiko-City, 17. Juni 1970. Die deutsche Elf läuft im Halbfinale gegen Italien einem 0:1-Rückstand hinterher, als Franz Beckenbauer ein Solo startet. Facchetti foult ihn im Strafraum. Beckenbauer bleibt verletzt liegen. Der fällige Elfmeterpfiff bleibt aus. In der 90. Minute schießt ausgerechnet Schnellinger das 1:1. Verlängerung. Des »Kaisers« gezerrte Schulter wird bandagiert. Er beißt die Zähne zusammen, kämpft weiter, wird nicht ausgewechselt. Deutschland verliert 3:4 n.V. Der Lohn für seinen heldenhaften Einsatz: die stille Bewunderung der Fußballwelt.

PELÉ AUF DEM GIPFEL. Mexiko-City, 21. Juni 1970: Der Brasilianer ist der Superstar des Turniers und wird zum dritten Mal FIFA Fussball-Weltmeister. Im Finale gegen Italien (Endstand 4:1) köpft er das 1:0 und setzt vor dem 4:1 den Torschützen Carlos Alberto glänzend in Szene. Sein Gegenspieler Tarcisio Burgnich gesteht anschließend: »Ich dachte, er ist aus Fleisch und Knochen, so wie ich. Aber ich habe mich getäuscht.« Der Beethoven des Fußballs zelebriert im Finale eine Sinfonie in Dur.

EIN GROSSER TAG FÜR EINEN KLEINEN MANN. München, 19. Juni 1974: So einen Moment hat der Dreikäsehoch aus Haiti vermutlich vorher und nachher nie wieder erlebt. Als sich die Nationalmannschaften Polens und Haitis für die Hymnen aufstellen, postiert sich das Maskottchen frech und selbstbewusst zwischen Polens Kapitän Kazimierz Deyna und dem deutschen Linienrichter Walter Eschweiler. 25.300 Zuschauer im Münchner Olympiastadion sind begeistert.

NICH 1974
FHF

WIR GEGEN UNS. Hamburg, 22. Juni 1974: Deutschland West gegen Deutschland Ost. Oder im damaligen Jargon: BRD gegen DDR. So lautet die Begegnung in der Gruppe A. Sie endet mit einer Sensation: In der 77. Minute kommt der Magdeburger Jürgen Sparwasser an den Ball. Er tanzt Horst-Dieter Höttges aus und versetzt Sepp Maier. Es steht 1:0 für die DDR. Ein Tor, das Geschichte macht. »Auf meinem Grabstein müsste nur stehen: ›Hamburg, WM 74‹, jeder wüsste Bescheid«, sagt Sparwasser noch heute.

DIE REGENSCHLACHT. Frankfurt, 3. Juli 1974: Um 16 Uhr soll das Spiel Deutschland – Polen angepfiffen werden. Doch statt 22 Spielern stehen auf dem Rasen Platzwart Francesco Falcetta und seine Helfer, die mit zwei Walzen enorme Wassermengen vom Rasen wälzen. Was ist passiert? Etwa eine halbe Stunde vor dem Anpfiff haben sintflutartige Regenfälle die grüne Rasenfläche in eine Seenlandschaft verwandelt. Das Frankfurter Waldstadion ist zur idealen Wettkampfstätte für den Schwimmer Mark Spitz geworden, aber nicht für Beckenbauer, Maier und Müller.

DER DENKER. Frankfurt, 3. Juli 1974: Elfmeterduell zwischen Uli Hoeneß und Jan Tomaszewski, dem polnischen Teufelskerl. »Ich dachte mir«, erzählt Hoeneß später, »der Tomaszewski hat gesehen, dass ich gegen Ronnie Hellström in die rechte Ecke schoss, und deshalb zielte ich nun nach links.« Hoeneß denkt zu viel. Tomaszewski fliegt in die richtige Ecke und hält.

DER BOMBER. München, 7. Juli 1974: Die 43. Minute im Finale Deutschland – Niederlande. Gerd Müller erzählt die Szene wie folgt: »Der Ball kommt auf den linken Fuß. Zum Glück! Er springt ein bisschen weg und kommt direkt auf meinen rechten Innenspann. Und ich kann schön aus der Drehung ins lange Eck schießen.« 2:1 für Deutschland.

MÄNNERJUBEL. München, 7. Juli 1974: Schlusspfiff! Deutschland ist FIFA Fussball-Weltmeister. Der Jubel auf dem Rasen nimmt ungewohnte Formen an: »Katsche« Schwarzenbeck nimmt Anlauf und springt dem am Boden liegenden Sepp Maier in die Arme. »Dem Sepp taten noch Tage später die Rippen weh«, erzählt »Katsche«.

1978

DIE BLAUEN IN GRÜN UND WEISS. Buenos Aires, 10. Juni 1978: Frankreich ist nach zwölf Jahren wieder für eine FIFA WM qualifiziert, hat beim dritten Vorrundenspiel gegen die Ungarn aber nur seine weißen Ausweichtrikots im Koffer. Das wird zum Problem, weil auch die Ungarn nur weiße Trikots dabei haben. Der Zeugwart des heimischen Zweitligisten Kimberley kann aushelfen. Die Franzosen laufen in gestreiften Hemden auf. Das Spiel beginnt mit 40 Minuten Verspätung. Endstand: 3:1 für Frankreich in Grün und Weiß.

SUPER-MARIO. Buenos Aires, 25. Juni 1978: Sein Stern strahlt nur einen Sommer lang. Aber dieser kurze Moment bleibt für die Ewigkeit: Mario Alberto Kempes wird mit sechs Toren der erfolgreichste Torschütze der FIFA WM 1978. Die Zwischenrunde erledigt er quasi im Alleingang für Argentinien: zwei Tore gegen Polen, zwei gegen Peru. Das reicht, um ins Finale einzuziehen. Gegen die Niederlande trifft er in der 38. und der 104. Minute. Argentinien ist zum ersten Mal FIFA Fussball-Weltmeister – dank Super-Mario.

LANDA
ARGA
RDI
Coca-Cola
Coc

PLATE

VIZE-WELTMEISTER – EIN TITEL OHNE WERT. Buenos Aires, 25. Juni 1978: Die Niederlande sind am Boden zerstört. Vier Jahre nach dem bitteren 1:2 gegen Deutschland hat es auch in Argentinien zum Triumph nicht gereicht. Im Estadio Monumental muss »Oranje« noch viel schmerzlicher erleben, wie dicht Glück und Pech im Fußball beieinander liegen. Ein paar Minuten vor Ablauf der 90 Minuten trifft Rob Rensenbrink nur den Innenpfosten. Erst in der Verlängerung siegt Argentinien mit 3:1.

ARGENTINA, ARGENTINA. Buenos Aires, 25. Juni 1978: Nach dem Abpfiff des Endspiels bricht das Chaos im Estadio Monumental aus. Tausende Fans stürmen das Spielfeld, reißen die Tore nieder und den Spielern die Trikots vom Leib. Die Siegerehrung geht in diesem Wirrwarr völlig unter. Kapitän Passarella gelingt es jedoch, seine Spieler an das Podest zu führen, um den FIFA WM-Pokal entgegenzunehmen. Dabei fehlt ein Spieler. Es ist Mario Kempes. Aus Angst vor den Fans ist er nach dem Abpfiff in die Kabine geflüchtet.

AUFREGENDE AKROBATIK – AUSGLEICH! Sevilla, 8. Juli 1982: Bis zur 103. Spielminute der Verlängerung im Halbfinale der FIFA WM 1982 sind die Franzosen auf der Siegerstraße. Sie führen mit 3:1. Doch Karl-Heinz Rummenigge verkürzt. Fünf Minuten später zeigt Klaus Fischer der Welt seinen besten Trick: den Fallrückzieher. Tausendmal geübt – bis zur Perfektion. Es steht 3:3. Der Thriller wird fortgesetzt im Elfmeterschießen (Seite 84). Übrigens: Fischer schießt bei all seinen Einsätzen für die Nationalmannschaft 32 Tore für Deutschland. Der Fallrückzieher ist sein letzter Treffer.

DIE SCHMACH VON GIJON. Gijon, 25. Juni 1982: Die Ausgangslage vor dem Spiel Deutschland – Österreich ist klar: Gewinnt das DFB-Team mit 1:0, kommen beide Mannschaften in die nächste Runde. Algerien, das tags zuvor Chile mit 3:2 besiegt hat, wäre ausgeschieden. Absprache oder nicht? Nach dem 1:0 durch Hrubesch (10. Minute) schieben sich die 22 Spieler 80 Minuten lang den Ball zu. Die Fußballwelt ist entsetzt, die Zuschauer im Stadion El Mollinón vermuten Schiebung.

EL BANCO DE ESPAÑA
CIEN
PESETAS

TONI, DER SCHRECKEN DER STÜRMER. Sevilla, 8. Juli 1982: Harald »Toni« Schumacher, der Kumpel der Fans, zeigt sein anderes Gesicht im Halbfinale der FIFA WM 1982 und wird zum umstrittenen Helden des Spiels. Der Grund: In der 61. Minute rammt er den französischen Stürmer Battiston brutal (Das Bild zeigt einen vorherigen Zweikampf zwischen Schumacher und Battiston). Minutenlang bleibt der liegen. Auf einer Bahre wird er aus dem Stadion getragen. Battiston verliert beim Zusammenprall drei Zähne. Schumacher sagt nachher: »Ich zahl ihm die Jacketkronen.«

ROLLE RÜCKWÄRTS. Vigo, 18. Juni 1982: Eine unfreiwillige Rolle rückwärts im FIFA WM-Spiel Italien – Peru (1:1) macht ihn weltberühmt: den deutschen Schiedsrichter Walter Eschweiler. Nachdem Eschweiler vom Peruaner Velásquez überrannt wird, purzelt er über den Rasen, Pfeife und Karten wirbeln durch die Luft. Für kurze Zeit wird das Spiel unterbrochen. In der Halbzeitpause erkundigt sich Außenminister Hans-Dietrich Genscher bei Eschweiler. Der meldet gehorsamst: »Außer dem angeborenen Dachschaden keine weiteren Verschlechterungen.«

DER THRILLER VON SEVILLA. Sevilla, 8. Juli 1982: Elfmeterschießen im FIFA WM-Halbfinale Deutschland – Frankreich. Vor einer Minute hat Uli Stielike seinen Strafstoß verschossen. Will im Boden versinken. Torwart Toni Schumacher hebt ihn hoch: »Mach dich vom Hof. Den nächsten halte ich für dich.« Pierre Littbarski zieht den verzweifelten Stielike weg vom Tatort. Beide setzen sich. Stielikes Herz rast. Er wagt kaum hinzuschauen, als der Franzose Didier Six zur Exekution antritt. »Litti« schildert ihm das Geschehen. Und aus Stielikes Albtraum wird Hoffnung. Schumacher hält! Aus Hoffnung wird Jubel: Toni gewinnt auch das Duell gegen Maxime Bossis. Horst Hrubesch trifft gegen Frankreichs Keeper Ettori: Deutschland steht im Finale der FIFA WM 1982.

ENDLICH – DINO »NAZIONALE« HAT DEN CUP! Madrid, 11. Juli 1982: Das Warten hat für die italienische Torwartlegende endlich ein Ende: Nach vier FIFA WM-Teilnahmen, 17 FIFA WM-Spielen und nur 14 Gegentoren hält Dino Zoff den FIFA WM-Pokal in seinen Händen. Ein Lebenstraum geht für den 40-Jährigen in Erfüllung. Und natürlich auch für die »Squadra Azzurra« und die italienischen »Tifosi«. Nach 44 Jahren ist Italien wieder FIFA Fussball-Weltmeister.

DIE HAND GOTTES. Mexiko-City, 22. Juni 1986: Die 51. Spielminute im Viertelfinale Argentinien – England (2:1). Der Ball fliegt in hohem Bogen zum herauseilenden englischen Torwart Peter Shilton. Maradona sprintet hinterher, springt hoch und lenkt den Ball mit dem linken Arm am verdutzten Torhüter vorbei ins Netz. Terry Butcher protestiert vergeblich. Der tunesische Schiedsrichter Bennaceur gibt den Treffer. Er hat einen Kopfball des kleinen Argentiniers gesehen. Unglaublich!

DAS TOR DES JAHRHUNDERTS. Mexiko-City, 22. Juni 1986: Ein Spiel für die Ewigkeit – das Viertelfinale Argentinien – England. Ein Grund: die sagenhaften Dribblings von Diego Armando Maradona (hier gegen Terry Butcher, Steve Hodge und Gary Stevens). In der 54. Spielminute erzielt »Dieguito« das Tor, das oft als »Tor des Jahrhunderts« bezeichnet wird. Er holt sich den Ball in der eigenen Hälfte und setzt zu einem Solo auf der rechten Seite an, wobei er zunächst Beardsley und Peter Reid stehen lässt. Die 115.000 Zuschauer im Aztekenstadion sehen, wie Maradona zwei weitere Verteidiger, Fenwick und Butcher, umkurvt, schließlich auch Torhüter Shilton mit einer Körpertäuschung aussteigen lässt und den Ball zum 2:0 ins leere Tor schiebt.

DIE ENTSCHEIDUNG. Mexiko-City, 29. Juni 1986: Vor drei Minuten hat Rudi Völler das 2:2-Unentschieden im Finale Argentinien – Deutschland geköpft, als Maradona den wichtigsten Pass seiner Karriere spielt. Aus dem Mittelkreis bedient er Burruchaga, der mit dem Ball in Richtung deutsches Tor sprintet. Toni Schumacher kommt zu spät aus seinem Tor. Auch Hans-Peter Briegel kann nicht mehr eingreifen. Aus 14 Metern verwandelt Burruchaga eiskalt. Aus, Schluss, vorbei! Argentinien ist neuer FIFA Fussball-Weltmeister.

HEKTIK PUR. Mailand, 24. Juni 1990: Das Duell der Erzrivalen Deutschland und Niederlande. In der ersten Halbzeit bespuckt Frank Rijkaard Rudi Völler zweimal. Der völlig überforderte argentinische Schiedsrichter Loustau stellt beide in der 21. Minute vom Platz. »Das kann nicht sein, was der Schiedsrichter da macht«, wettert Karl-Heinz Rummenigge im Fernsehen. »Das ist ein Skandal!« Auch TV-Reporter Heribert Faßbender ist außer sich: »Schickt den Mann ganz schnell zurück in die Pampa. Den wollen wir bei einer WM höchstens noch als Kartenabreißer sehen!« Der sportlichen folgt die journalistische Entgleisung.

DAS SPIEL SEINES LEBENS. Mailand, 24. Juni 1990: Er läuft und läuft und läuft. Im Achtelfinale gegen die Niederlande macht Jürgen Klinsmann sein bestes Spiel für die deutsche Nationalmannschaft. Als in der 21. Minute sein Sturmpartner Rudi Völler (siehe Seite 94) vom Platz gestellt wird, ist Klinsmann der Alleinunterhalter in der deutschen Offensive. Aber er rennt, ackert, schießt das 1:0 (51.) und trifft wenig später den Pfosten. Nach 79 Minuten wird er völlig entkräftet ausgewechselt. Sein Tor widmet er anschließend Rudi Völler.

MIOS DIOS! Neapel, 3. Juli 1990: Was für eine Brisanz. Argentinien gegen Italien (4:3 n. E.) im Halbfinale der FIFA WM 1990 – in Neapel, wo Superstar Maradona der Liebling aller Neapolitaner ist. Nun spielt der kleine Dribbler mit dem »falschen« Team im Stadio San Paolo. Und spaltet eine Nation: Der Norden hält zur italienischen »Squadra Azzura«, der Süden zu Diego. Nach 90 Minuten, Verlängerung und Elfmeterschießen jubelt der Süden und Norditalien stürzt in Trauer.

ELFMETER FÜR DEUTSCHLAND. Rom, 8. Juli 1990: Die 85. Spielminute im Finale – Rudi Völler fällt im Zweikampf gegen Sensini, Schiedsrichter Codesal Méndez entscheidet auf Strafstoß. Es läuft Andy Brehme an! Nicht Lothar Matthäus. Der trägt neue Fußballschuhe und verzichtet. Brehme schiebt platziert in die rechte Ecke. »Elfmeterkiller« Goyoechea hat keine Chance. Deutschland führt 1:0. Fünf Minuten später ist das Spiel aus und Deutschland zum dritten Mal FIFA Fussball-Weltmeister.

DER KAISER IN ITALIEN. Mailand, 24. Juni 1990: Vor dem Turnier ist er die Ruhe selbst: der deutsche Teamchef Franz Beckenbauer. »Mir bedeutet der Titel nichts. Ich war schon einmal Weltmeister. Die Spieler müssen dafür laufen.« Je näher das Finale rückt, umso mehr schreit, flucht und meckert der »Kaiser«. Legendär sein Wutausbruch nach dem 1:0 im Viertelfinale gegen die Tschechoslowakei. Jürgen Klinsmann wird sein Opfer. Beckenbauer faucht ihn an: »Du bist der Klinsmann, nicht der Pelé. Und du wirst immer der Klinsmann sein.«

DIE MÄCHTE UND MARADONA. Rom, 8. Juli 1990: Deutschland ist soeben verdient FIFA Fussball-Weltmeister geworden. Nur einer will das nicht akzeptieren: Diego Armando Maradona. »Es ist die schlimmste Erfahrung meines Lebens, es gab eine Verschwörung gegen uns. Eine schwarze Hand hat unsere Niederlage gewollt. Der Schiedsrichter wird zufrieden sein, denn er hat die Italiener und die Deutschen glücklich gemacht. Die Mächte sind stärker als Maradona.« Unter Tränen gratuliert er dennoch Matthäus zum Titelgewinn.

EIGENTOR – MIT TÖDLICHEN FOLGEN. Los Angeles (Pasadena), 22. Juni 1994: Eigentore sind ärgerlich, vor allem für den Verursacher. Für den Kolumbianer Andrés Escobar hat es sogar tödliche Folgen, als er in der 35. Minute im Gruppenspiel gegen die USA (Endstand 1:2) ins eigene Tor trifft. Der Geheimfavorit Kolumbien scheitert in der Vorrunde und tritt vorzeitig die Heimreise an. In der Nacht vom 1. auf den 2. Juli 1994 wird Escobar auf dem Parkplatz eines Restaurants in Medellín kaltblütig erschossen. Seine Mörder »rächen« sich für das Eigentor.

ENDSTATION BIG APPLE. New York, 10. Juli 1994: Die 78. Spielminute im Viertelfinale Deutschland – Bulgarien (1:2) – eine Flanke von rechts fliegt halbhoch in den deutschen Strafraum, und der 1,86 Meter lange Yordan Letchkov nutzt den Moment seines Lebens: Er köpft den Ball in den Winkel. Der 1,66 Meter kleine Thomas Häßler hat überhaupt keine Chance, das Luftduell gegen den Bulgaren zu gewinnen. Der Titelverteidiger Deutschland ist raus aus dem Turnier. In der Heimat fordert der Boulevard von Bundestrainer Berti Vogts: »Unterschreiben Sie Ihre Kündigung!«

OPEL

DER TRAGISCHE HELD. Los Angeles (Pasadena), 17. Juli 1994: Bis vor fünf Sekunden war er der Held der Italiener. Roberto Baggio hat die Squadra Azzurra ins Finale geschossen. Achtelfinale gegen Nigeria: Italien liegt anderthalb Minuten vor Schluss mit 0:1 hinten, Baggio dreht das Spiel. Viertelfinale gegen Spanien: Baggio schießt in der 88. Minute den 2:1-Siegtreffer. Halbfinale gegen Bulgarien: Baggio trifft im Doppelpack zum 2:1. Und was behält die Welt von dem genialen Fußballer vor allem in Erinnerung? Einen Elfmeter, der hoch über das Tor in den kalifornischen Himmel fliegt. Tragisch ... aus italienischer Sicht. Auf der anderen Seite jubelt Brasilien nach 24 langen Jahren wieder über einen FIFA WM-Titel.

10
10

JA-WORT IM STADE VELODROME. Marseille, 23. Juni 1998: Der Norweger Oivind Ekeland trägt seine Braut, die Brasilianerin Rasangela de Souza, auf Händen aus dem Stadion, nachdem sie unmittelbar vor dem Anstoß der FIFA WM-Partie Brasilien – Norwegen (1:2) geheiratet haben. Auf dem Rasen tauschen der 28-jährige Skandinavier und die 29 Jahre alte Südamerikanerin die Ringe. Der erste Kuss zum Ehestart wurde von 60.000 Zuschauern bejubelt. Das Paar hatte sich 1990 in Rio de Janeiro kennen gelernt.

NERVENKITZEL BIS ZUM BITTEREN ENDE. Marseille, 7. Juli 1998: Edwin van der Sar im Elfmeterduell gegen Carlos Dunga. Brasiliens Kapitän läuft an und schießt, van der Sar fliegt in die richtige Ecke, aber der Schuss ist zu platziert. Es steht 4:2 nach Elfmeterschießen für Titelverteidiger Brasilien. Der nächste Schütze ist Hollands Ronald de Boer, doch Taffarel hält. Die Niederlande ist im Halbfinale der FIFA WM 1998 an Brasilien gescheitert. »Ein sehr bitterer Moment in meiner Karriere«, sagt van der Sar noch heute.

KROATIEN – EINE NEUE MACHT IM WELTFUSSBALL. Lyon, 4. Juli 1998: Sie zeigen dem amtierenden Europameister Deutschland im Stade Gerland die Grenzen auf. Spielerisch, technisch und läuferisch sind die Kroaten dem Favoriten deutlich überlegen und siegen durch Tore von Jarni, Vlaovic und Suker mit 3:0. Der kroatische Stürmer Davor Suker jubelt nach dem Spielende mit der Flagge seines Landes. Kroatien zieht ins Halbfinale ein und verliert dort gegen den späteren FIFA Fussball-Weltmeister Frankreich mit 1:2.

lotto
9

DER ANFANG VOM ENDE. Lyon, 4. Juli 1998: Der norwegische Schiedsrichter Rune Pedersen (links) zeigt dem Deutschen Christian Wörns im Viertelfinale Deutschland – Kroatien die Rote Karte. Sieben schwarze Minuten vor der Pause mit dem Platzverweis für Wörns (40.) und dem Gegentreffer durch Robert Jarni in der Nachspielzeit leiten die 0:3-Niederlage ein. Berti Vogts erlebt in seinem 100. Länderspiel als Bundestrainer eine seiner größten Enttäuschungen.

SIEGESRAUSCH. Paris, 12. Juli 1998: Es ist 23 Uhr im Stade de France, als Frankreichs Torwart Fabien Barthez eine besondere Ehre zuteil wird. Er wird nicht zum Ritter der französischen Ehrenlegion geschlagen, sondern von Frankreichs Staatspräsident Jacques Chirac schlicht und einfach auf seine Glatze geküsst. Ein Ritual, das eigentlich Abwehrspieler Laurent Blanc nach französischen Siegen vorbehalten ist. Doch an diesem Abend befindet sich die gesamte »Grande Nation«, und besonders der erste Mann im Staat, im Siegesrausch. Frankreich ist zum ersten Mal FIFA Fussball-Weltmeister.

MasterCard

DAS DRAMA UM RONALDO. Paris, 12. Juli 1998: Es hätte der große Tag von Ronaldo, dem neuen Superstar der Brasilianer, werden sollen: das Finale der FIFA WM 1998. Den Vormittag verbringt er jedoch im Krankenhaus. Der offizielle Grund: ein Schwächeanfall. Die Hintergründe werden nie aufgeklärt. Im Finale läuft er dennoch auf und spielt schwach. Er bleibt oftmals nur zweiter Sieger wie hier im Luftkampf gegen Frankreichs Torwart Fabien Barthez. Ronaldo muss noch weitere vier Jahre warten, um sich seinen großen Traum vom Titelgewinn zu erfüllen.

2002 FIFA
GERMANY
8

HISTORISCHER SIEG. Sapporo, 1. Juni 2002: Damit haben selbst Super-Optimisten nicht gerechnet. Deutschland gewinnt sein erstes Gruppenspiel bei der FIFA WM 2002 gegen Saudi-Arabien mit 8:0! Es ist der höchste Sieg einer deutschen Mannschaft in der FIFA WM-Geschichte. Die Tore von Miroslav Klose (3 Treffer), Michael Ballack, Carsten Jancker, Thomas Linke, Oliver Bierhoff und Bernd Schneider sind Balsam für die deutsche Fußball-Seele. Das 8:0 begeistert die Heimat und schockt den Rest der Fußballwelt.

ADIEU, LES BLEUS! Incheon, 11. Juni 2002: Frankreich verabschiedet sich vorzeitig aus dem Turnier: 0:3-Tore, 1 Punkt und der letzte Platz in der Gruppe A. Noch nie in der FIFA WM-Geschichte ist ein Titelverteidiger ohne Torerfolg ausgeschieden. Die französischen Ballartisten schleichen über den Rasen, ihre Tricks wirken blass und ihr großer Zauberer Zidane ist nur noch ein Schatten glänzender Tage. Sein gezerrter Oberschenkel verhindert eine Wiederholung der magischen Momente aus dem Sommer 1998.

SEOUL
WELCOMES
THE WORLD

STIMMUNGSVULKAN KOREA. Seoul, 25. Juni 2002: Mit dieser Begeisterung hat niemand gerechnet. Bereits Stunden vor dem Anpfiff des Halbfinals Deutschland – Südkorea (1:0) sind auf dem Public Viewing Areal in der koreanischen Hauptstadt mehr als 100.000 Menschen versammelt. Sie wollen ihre »Fighting Tigers« anfeuern, die auf dem Sprung ins Finale der FIFA WM 2002 stehen. Doch die deutsche Mannschaft erweist sich als Spielverderber. Michael Ballack schießt das DFB-Team ins Finale.

DEUTSCHLAND SUCHT FRISEURE. Sapporo, 1. Juni 2002: Der deutsche Nationalspieler Christian Ziege zeigt, was der modische Trend bei der FIFA WM 2002 ist: die Kopfhaare an den Seiten bitte ratzekahl! Ronaldo präsentiert seine Haarvariante beim Finale. Der Kopf ist komplett kahl … bis auf ein kleines haariges Dreieck. Der eigentliche Trendsetter im Fußballgeschäft wirkt dagegen blass. David Beckhams Tolle ist fast klassisch: das Haupthaar lang und blondiert, die Seiten kurz.

SALTO-KLOSE. Sapporo, 1. Juni 2002: Tor-Diver, Stangen-Tanz, Baby-Wiegen – diese Formen des Torjubels kannte man bislang von afrikanischen oder brasilianischen Stürmern. Bei der FIFA WM 2002 setzt ein deutscher Spieler eine neue Marke: Wenn Miroslav Klose trifft, dann steht die Welt auf dem Kopf. Jedenfalls für Miro. Gegen Saudi-Arabien und gegen Irland zeigt er seine Torsalti Nummer eins und Nummer zwei. Zugabe gibt es leider nicht – zu gefährlich meint Bundestrainer Rudi Völler.

DAS AUS FÜR MICHAEL BALLACK. Seoul, 25. Juni 2002: Der Schweizer Schiedsrichter Urs Meier kennt keine Gnade. In der 71. Spielminute zeigt er dem deutschen Spielmacher Michael Ballack die Gelbe Karte. Damit ist der für das nächste Spiel – in diesem Fall das Finale – gesperrt. Vier Minuten später wird Ballack endgültig zum traurigen Helden des Spiels. Er schießt das 1:0. Deutschland ist im Finale der FIFA WM 2002 – aber ohne Michael Ballack.

DAS WAR'S. Yokohama, 30. Juni 2002: Fußball kann so brutal sein. Es ist die 67. Minute im Finale Brasilien – Deutschland (2:0). 20 Meter vor dem deutschen Tor verliert Hamann den Ball an Ronaldo, der passt zu Rivaldo. Der schießt mit links flach aufs Tor. Diesen einen Ball kann Oliver Kahn nicht festhalten. Den Abpraller verwandelt Ronaldo eiskalt. Das Endspiel ist entschieden. Es steht 1:0. Ronaldo trifft auch zum 2:0. Der einzige Fehler im Turnier von Kahn entscheidet das Spiel. Das war's.

2002
KOREA JAPAN

BILDNACHWEIS

TITEL:
getty-images (8),
picture-alliance/dpa/empics (6),
sven simon (1)

INNENSEITEN:

getty-images:
S. 6, 10, 14, 18, 26, 48, 51, 52, 66, 69 (oben), 70, 72, 74, 78, 88, 90, 94, 96, 97, 98, 102, 106, 110, 114, 115, 120, 122, 124 (2)

imago:
S. 22, 92

picture-alliance/dpa/empics:
S. 3 (3), 4, 8, 12, 31, 32, 34, 35, 38, 40, 44, 46, 50, 58, 60, 62, 64, 68 (2), 76, 80, 83, 84, 99 (oben), 100, 101, 104, 108, 112, 116, 118, 125 (2), 126

pixathlon:
S. 56, 16, 86, 42, 20, 30, 28, 24, 45, 36, 82,

sven simon:
S. 54, 63

Rückseite:
getty-images (1),
picture-alliance/dpa/empics (1)

VERLOREN UND GEFUNDEN. Yokohama, 30. Juni 2002: Endstation Sehnsucht. Und ein Kuss für die Ewigkeit. Brasiliens Kapitän Cafu liebkost den FIFA WM-Pokal. Sein Baby. Schon 1994 hielt er es in seinen Händen. Als junger Mann von 24 Jahren, als Weltmeister in den USA mit der Seleção. Doch dann wurde das Baby entführt. Von Zinédine Zidane und seiner französischen Gang. Nach Paris, 1998. 3:0 gewann Frankreich das Finale gegen Brasilien, gegen Cafu. Doch nun, vier Jahre später, nach einem 2:0 gegen das deutsche Team, ist das Baby wieder zu Hause. Wo es sich offensichtlich am wohlsten fühlt: bei den Brasilianern. Bei Cafu. Konfetti für den Kapitän. Drei FIFA WM-Endspiele in Folge, zwei Titel. Seit dem 30. Juni 2002 ist Marcos Evangelista de Moraes Cafu endgültig einer der Großen des Weltfußballs.